Les secrets du minage de crypto-monnaies

Contenu

Que sont les crypto-monnaies ? 5

Tout ce que l'exploitation des crypto-monnaies représente........................6

Comment fonctionne une coopérative ou un pool dans le minage de crypto-monnaies ?..8

Les conditions fondamentales pour le minage de crypto-monnaies...........9

Le matériel nécessaire au minage des crypto-monnaies 10

Logiciels à prendre en compte pour le minage de crypto-monnaies 11

Comment mesurer la rentabilité du minage de crypto-monnaies ? 13

Que signifient les commissions de réseau ou les frais d'exploitation ?....15

Détermine la cryptocurrency la plus rentable à miner................................16

Apprenez ce qu'est un appareil d'exploitation minière................................19

Le choix du portefeuille pour monétiser les crypto-monnaies....................23

Le minage de crypto-monnaies est-il légal ?..24

Qu'est-ce que le cloud mining ?..26

Les meilleurs services et alternatives de Cloud Mining..............................27

Extraction de crypto-monnaies avec des cartes vidéo GPU......................32

Extraction de crypto-monnaies avec des machines ASIC 33

Qu'est-ce que l'algorithme Proof to Work ?...33

Qu'est-ce que l'algorithme de la preuve d'enjeu déléguée ? 35

La possibilité d'un minage centralisé des crypto-monnaies.......................36

Conseils et astuces pour miner de l'Ethereum 37

Obtenez de meilleurs résultats miniers avec un GPU NVIDIA. 48

Découvrez comment miner Ethereum en utilisant Ubuntu Linux 50

Méthodes pour miner le Zcash..56

Apprenez à miner du Litecoin..59

Comment extraire des bitcoins : ce que vous devez savoir.......................62

Les meilleurs pools de minage de crypto-monnaies 65

Astuces pour l'exploitation du Dash 68

L'utilisation du Raspberry Pi pour le minage de crypto-monnaies 72

Comment exploiter le steem 75

Découvrez comment exploiter le Ravencoin 80

Tout sur le minage du Siacoin 82

Les derniers jalons franchis dans l'exploitation des crypto-monnaies 84

Guide du minage de crypto-monnaies

L'un des sujets les plus modernes pour générer des revenus est l'action de miner des crypto-monnaies, c'est une possibilité économique qui a du sens chaque jour, main dans la main avec la technologie, pour cette raison c'est un scénario que n'importe qui peut considérer pour oser s'aventurer dans l'une des opportunités les plus rentables.

Cependant, pour profiter de cette opportunité offerte par les crypto-monnaies, vous devez connaître les bases et les astuces les plus avancées qui sont mises en œuvre quotidiennement en ligne, cela permet de rentabiliser tous les efforts, car en ayant des connaissances dans ce domaine, de meilleurs résultats sont produits.

Que sont les crypto-monnaies ?

La première chose que vous devez savoir avant de miner des crypto-monnaies, c'est ce qu'elles signifient, celles-ci correspondent ou sont des monnaies virtuelles, cela signifie que contrairement à l'argent traditionnel, celles-ci sont intangibles, car elles ne sont disponibles que numériquement, cela est dû au fait que des transferts cryptés sont effectués.

En ce qui concerne la question de la réglementation, il s'agit de monnaies autonomes ou indépendantes, car aucune entité bancaire ne contrôle les transactions, et seul le mouvement des échanges eux-mêmes modifie la valeur ou le prix, ce qui réduit les manipulations externes.

L'aspect de la confiance dépend dans une plus grande mesure du portefeuille utilisé, en fonction de son niveau de sécurité, les hacks peuvent être évités, pour cette raison chaque jour plus de cryptocurrencies émergent, et au milieu de ce marché encombré, est que les moyens de monétiser augmenter, comme l'action de l'exploitation minière.

Tout ce que l'exploitation des crypto-monnaies représente

Cette forme de revenu provenant du minage de crypto-monnaies, est une action comme réitéré ci-dessus, car elle permet la création de pièces, en échange de gagner un pourcentage de la même, cela fonctionne comme un système de récompense, chaque mineur peut recevoir ce type de résultat, et il n'est pas nécessaire d'acheter ou d'effectuer une opération.

Chaque exploitation minière est similaire à l'autre, mais certains processus changent dans une moindre mesure, ceci est développé par la résolution de certains calculs mathématiques, tous basés sur une puissance de calcul, cela signifie qu'il s'agit d'utiliser votre ordinateur personnel, d'être utilisé par les réseaux P2P, aidant à effectuer des calculs mathématiques.

Cette série de calculs permet de traiter chacune des transactions, jusqu'à ce que la figure d'un bloc soit formée, et ces blocs doivent ensuite être scellés, au moyen de calculs mathématiques, ceci est réalisé avec facilité, en plus de l'assistance des ordinateurs, ce mécanisme est répété et fonctionne 24 heures sur 24, avec une connexion constante et une consommation active.

Compte tenu de la forte demande d'activité, vous ne pouvez pas simplement miner avec un ordinateur portable, mais nécessite un ordinateur avec plus de puissance, de sorte que la performance sera positive, il s'agit donc d'une première exigence et d'investissement pour faire partie de ce processus, au moins avoir un ordinateur de plus de 1000 euros.

Le plus conseillé est d'acquérir des équipements spéciaux, ceux-ci sont connus sous le nom de Circuit Spécifique d'Application, ils ont été conçus pour réaliser l'exploitation minière, permettant d'obtenir puissance et performance pour que chaque phase soit menée à bien.

Comment fonctionne une coopérative ou un pool dans le minage de crypto-monnaies ?

Le développement de l'exploitation minière des crypto-monnaies se fait de différentes manières, l'une d'entre elles est la coopérative ou pool, où des personnes s'associent pour la création de crypto-monnaies, cette répartition des fonctions aide chaque personne à effectuer un travail particulier, et à exercer un effort commun.

Ces concentrations de parties prenantes, est motivé pour atteindre les récompenses plus efficacement et ensemble, parce que cette méthode garantit qu'il ya un niveau plus élevé de la puissance, l'acquisition de la capacité de résoudre un bloc, ce qui provoque les résultats à dépasser vos attentes.

Il est important de noter qu'il n'est pas obligatoire de former ce type de coopérative, c'est-à-dire que l'exploitation minière peut être gérée par d'autres moyens ou méthodes, bien que cela implique de supporter toutes les dépenses, ce qui peut affecter la rentabilité de cette activité.

Les conditions fondamentales pour le minage de crypto-monnaies

Lorsque l'on a l'intention de participer au minage de crypto-monnaies, outre le fait de faire preuve de dévouement et de prendre la ferme décision de s'engager, il est également nécessaire de tenir compte de certains facteurs supplémentaires, qui font partie de la préparation préalable pour que les aspects positifs se matérialisent, car au-dessus de l'ordinateur, ce sont ces exigences ou détails qui prévalent :

- Le type d'équipement disponible pour effectuer l'extraction, et le prix que cela représente.
- Le niveau de concurrence qui existe dans le secteur minier.
- Coûts d'exploitation, cela correspond aux consommations liées à l'électricité et au raccordement, car un fonctionnement 24 heures sur 24 est nécessaire.

- Mesures de refroidissement pour prendre soin de l'état de l'équipement, étant nécessaire en raison de la demande de fonctions qui se développent chaque jour.
- Étude de la rentabilité offerte par cette crypto-monnaie à l'heure actuelle.
- Le type de crypto-monnaie choisi peut changer d'un moment à l'autre, ainsi que varier.

Le matériel nécessaire au minage des crypto-monnaies

L'équipement nécessaire pour effectuer le minage de crypto-monnaies représente un sujet intéressant à considérer, cela inclut l'achat de matériel générique, ainsi que les processeurs et les cartes graphiques, au fur et à mesure que le temps passe, des équipements de minage plus spécialisés émergent.

Pour décider entre un élément ou un autre, il est nécessaire d'étudier l'algorithme de minage avec lequel la crypto-monnaie est programmée, puisque c'est celui qui impose toutes les règles à travers lesquelles le cryptage est effectué, afin de décrypter l'information, celle-ci est développée à chaque opération ou transaction de crypto-monnaie.

Lorsque vous envisagez ce type de choix, vous devez uniquement comparer le matériel de minage, avec le type d'algorithme que chacun possède, par exemple, lorsque le minage est dédié au bitcoin, vous devez acheter un équipement ASIC, de cette façon vous pouvez miner l'algorithme SHA-256, au contraire avec l'éther, vous avez besoin d'une carte graphique GPU, et d'une alimentation résistive.

Ceci est appliqué à chaque monnaie, jusqu'à ce que la bonne décision soit prise. Ainsi, au moment de choisir une monnaie, il est essentiel d'étudier le type d'algorithme qu'elle possède entre les deux, afin que les dispositifs aient une plus grande fonctionnalité.

Logiciels à prendre en compte pour le minage de crypto-monnaies

Il existe une variété de logiciels qui sont indispensables pour le minage des crypto-monnaies, surtout si elles sont de la taille du bitcoin, la chose fondamentale est de penser à un logiciel de minage, étant le programme responsable de faciliter le matériel pour avoir une interaction avec le réseau associé à la crypto-monnaie, cela cause qu'il peut être miné.

Le type de logiciel varie en fonction du matériel utilisé, sans oublier la considération du type de crypto-monnaie que vous cherchez à miner, les plus recommandés et réussis sont CGMiner, et Claymore, le premier est une solution complète pour le bitcoin et le bitcoin cash, tandis que le second est dédié aux monnaies telles que l'éther, le zcash, le siacoin, entre autres.

Il est important de prendre en compte qu'il sera nécessaire d'avoir un programme de surveillance, cela facilite que le comportement du matériel est mesuré, sans oublier la configuration sur les préférences personnelles pour le minage, d'autre part il ya les dispositifs ASIC, connu comme AntMiner de Bitmain, qui ont leur propre logiciel.

D'autre part, ceux qui font du minage avec GPU, devront avoir un téléchargement de programmes de type MSI Afterburner ou GPU-Z pour atteindre les objectifs fixés, d'autre part le rig de minage peut être surveillé, grâce au site web du pool qui fait partie du minage ou vous pouvez aussi utiliser TeamViewer.

Comment mesurer la rentabilité du minage de crypto-monnaies ?

Il est compliqué d'étudier la rentabilité du minage de crypto-monnaies, car elle dépend du moment actuel du marché, ainsi que des revenus réalisés sur la crypto-monnaie, en plus des dépenses mentionnées, qu'il s'agisse de l'énergie, ou du type de matériel de minage qui a été choisi, et dépend largement de la monnaie.

L'investissement est ce qui mesure la rentabilité qu'il procure, pour le connaître vous pouvez utiliser différentes calculatrices, mais pour les utiliser vous devez prendre en compte certaines données, ce sont elles qui permettent de révéler si cela vaut la peine ou non de réaliser cette activité, vous devez donc les connaître pour suivre vos démarches ou actions.

Avant de commencer, il est essentiel de penser au type de crypto-monnaie que vous voulez miner, car la rentabilité change à chaque instant pour chacune d'entre elles, pour avoir plus de clarté, vous devez calculer ces aspects sur la base des données suivantes :

1. **Taux de hachage :** Il correspond à être l'une des données les plus importantes, pour être l'unité qui mesure le niveau de traitement de la crypto-monnaie, cela aide à déterminer la quantité d'opérations que l'équipement émet et celles qu'il peut effectuer, c'est un facteur à étudier et à adapter à votre ordinateur.
2. **Niveau d'électricité :** Il s'agit de la consommation électrique développée par les équipements utilisés dans l'exploitation minière.
3. **Coût de l'électricité :** Sur la base du tarif de votre pays, et avec les données ci-dessus, l'impact de la consommation peut être mesuré, ainsi la dépense qu'elle représente est plus claire.
4. **Dépenses en matériel :** Désigne le niveau d'utilisation et de maintenance du matériel, qui est mesuré par rapport au coût initial.
5. **Mesure de la coopérative :** Lorsque vous faites partie d'une coopérative, dans les dépenses ou les revenus, à un niveau personnel, vous devez mesurer le pourcentage généré ou celui qui correspond à chaque participant.

6. **Commission du logiciel :** Il s'agit du coût du logiciel, qui est distribué à chaque membre de la coopérative.

Tous ces facteurs, aident à avoir une vision claire sur la rentabilité, sans négliger la valeur de la crypto-monnaie, mais pour récolter ce genre de résultat économique, on ne peut pas omettre la difficulté de trouver des récompenses sur le minage, ces travaux d'aide pour prendre la bonne décision en vue de l'avenir.

Que signifient les commissions de réseau ou les frais d'exploitation ?

Chaque transaction dans le monde des crypto-monnaies est soumise à certains frais, généralement imposés pour l'échange, pour l'utilisation du portefeuille, et enfin pour le minage, étant une règle du réseau lui-même pour couvrir les coûts de chaque processus de minage, c'est-à-dire tout ce qui fonctionne sur une blockchain.

Ces types de frais doivent être pris en compte lors de l'estimation de la rentabilité de ces opérations, car ces types de conditions affectent finalement le bénéfice total généré par l'exploitation minière. Pour connaître les prix actualisés, vous pouvez vous rendre sur les plateformes suivantes :

1. **Swapzone :** Il s'agit d'une plateforme dédiée à l'exposition des coûts des commissions de change.
2. **Cryptofeesaver :** Il est effectué sous une comparaison de chacune des bourses et de leurs commissions pour les transactions.
3. **Blockchair :** Il est conçu comme un moteur de recherche dédié à la blockchain bitcoin, ou à d'autres crypto-monnaies, où sont filtrés les coûts de transaction, les blocs, les frais et une grande variété d'options.
4. **Crypo Fees :** Fournit les frais de transaction, grâce à son analyse, en tenant compte d'aspects tels que la blockchain, le Litecoin, et autres.

Détermine la cryptocurrency la plus rentable à miner

Face à un large marché de cryptocurrences, il est complexe de prendre certaines décisions initiales sur l'exploitation minière, comme ces soins facilitent le choix conduit à un niveau plus élevé de bonus, en plus de détecter le scénario le plus compliqué pour l'exploitation minière à ce moment actuel, pour faciliter cette vision, vous pouvez utiliser les sites Web suivants :

- **CoinWarz**

Il s'agit d'une option en ligne très simple, elle permet de visualiser de près le marché des crypto-monnaies, et la seule chose à faire est de régler l'algorithme, afin que les résultats soient précis, tout comme la rentabilité est calculée, afin que les meilleures pièces apparaissent, et surtout les plus rentables actuellement.

D'autre part, le suivi de ce site, est responsable de fournir le niveau de revenu, les bénéfices et d'autres valeurs, en plus de cliquer sur n'importe quelle monnaie, affiche des informations détaillées pour chacun, observant même un graphique sur le prix, qui peut être mesuré avec une calculatrice qui fournit le système.

- **CryptoCompare**

C'est l'un des calculateurs les plus efficaces, car il aide à suivre la rentabilité des crypto-monnaies, aidant même à comparer toutes sortes de pièces qui sont disponibles sur le marché, d'autre part, vous pouvez visualiser les différentes pièces avec leur prix, même les nouvelles et les informations à ce sujet.

La chose la plus précieuse de cet outil est que les données peuvent être facilement visualisées, étant reconnu par la personnalisation claire qui est développé, en outre il ya des options qui vous permettent d'ajouter des données, telles que l'énergie consommée, le coût ou le pourcentage, et beaucoup plus, jusqu'à ce qu'un résultat est généré sur cette action.

- **Whattomine**

Il s'agit d'un autre outil complet qui permet d'obtenir facilement des informations sur les crypto-monnaies, car l'accessibilité permet de ne perdre de vue aucun détail, de plus chaque monnaie peut être filtrée selon ses préférences personnelles, sans laisser de côté l'alternative de calcul qu'elle possède.

Les sections de chaque option permettent de mesurer facilement chaque donnée nécessaire, en plus des valeurs pour qu'il ne soit nécessaire d'inclure que des informations telles que le taux de hachage, le coût, l'énergie ou autres, c'est une combinaison de toutes les exigences dans le même mécanisme numérique.

- **Calculateurs de pièces de monnaie**

Il a les mêmes fonctions que les options précédentes, bien que la différence soit dans son interface, de sorte que chaque utilisateur n'aura pas de problèmes avec sa manipulation, causant que l'information des pièces est accessible, il aide également à trouver le meilleur matériel pour cette activité, en mesurant les résultats de chacun.

De même, il dispose d'une calculatrice, qui permet de générer automatiquement un résultat de toutes les données ou dépenses, provoquant les requêtes pour aider à prendre des décisions sur le minage de cryptocurrency.

Apprenez ce qu'est un appareil d'exploitation minière

Dans le monde du minage, on parle souvent des plateformes minières, ce sont des plateformes qui sont conçues et axées sur le processus de minage, cela a comme objectif principal, de maintenir le fonctionnement de la blockchain des différentes crypto-monnaies, sans courir le risque d'une quelconque attaque.

Pour cette raison, le minage de crypto-monnaies nécessite une grande puissance de calcul, ainsi que de l'électricité, c'est ce qui permet d'obtenir des récompenses, à ce stade les plateformes minières sont responsables de faire le travail plus rapidement, par rapport à d'autres ordinateurs, et cela se traduit par gagner plus d'argent.

En fonction du type de matériel minier utilisé, différents types de plateformes minières peuvent être utilisés :

1. **CPU**

Les plateformes de minage CPU sont des équipements simples et peu coûteux, et lorsqu'elles sont utilisées, les utilisateurs qui souhaitent miner des crypto-monnaies peuvent le faire directement depuis l'ordinateur. Il est essentiel de noter que le minage par CPU est coûteux et qu'il devient obsolète au fur et à mesure des sorties technologiques.

L'avantage de ce type de minage est qu'il n'impose pas de coûts d'électricité élevés, mais d'un autre côté, il est connu comme l'un des processus de minage les plus lents, car ils conservent un faible taux de hachage, ce qui le rend peu rentable, il n'est pas conseillé de miner avec le CPU, mais certains altcoins sont plus faciles à travailler par ce moyen.

2. **GPU**

La réalisation de plateforme minière avec GPU, est connue comme la meilleure, surtout pour mettre en place une plateforme minière personnalisée, c'est l'une des méthodes les plus préférées qui existent, ce genre de matériel nécessite des cartes graphiques avec une grande puissance, pour arriver à avoir une puissance de hachage, vous trouverez des GPU dédiés ou simples.

Lorsque l'on recherche de bons résultats, il est vital d'utiliser une quantité estimée de GPU disponible, mais malgré un équipement simple, vous pouvez présenter des résultats remarquables, mais l'inconvénient à considérer, est que ces équipements sont chers, nécessitent également un entretien et une action de refroidissement, plus la dépense électrique.

3. **ASIC**

Application Specific Integrated Circuits, est le concept derrière l'acronyme AIC, et sont des dispositifs qui sont conçus pour le minage de toutes sortes de cryptocurrences, ce sont les plus fréquemment utilisés pour obtenir une marge de profit importante, bien que leurs performances ne soient ni écologiques ni bon marché.

- **L'exploitation d'une plate-forme minière**

Un appareil d'exploitation minière est chargé d'utiliser un logiciel d'exploitation minière, utile pour connecter le matériel d'exploitation minière à un pool minier donné, ce processus aide à effectuer les transactions dans le réseau, l'appareil d'exploitation minière cherche à prendre soin du taux de hachage qui fait partie de la plate-forme dans le pool minier.

Les conditions requises pour le lancement de ce processus sont les suivantes :

1. Carte mère : Il est essentiel d'avoir une carte mère puissante pour qu'elle continue à remplir ses fonctions pendant longtemps, ce qui est une façon d'augmenter les coûts et en même temps les profits.
2. Alimentation électrique : Les plates-formes d'exploitation minière, de par leurs fonctions, requièrent une puissance importante, c'est pourquoi l'alimentation doit être ou conserver une puissance de 750 watts et 2000 watts, selon les besoins de l'exploitation minière.
3. Cartes graphiques : Il est essentiel d'avoir 4 et jusqu'à 6 GPU de haute qualité, en plus d'avoir chacun une vitesse de 450 kWh ou plus.

4. MÉMOIRE VIVE : Un minimum de 4 Go de RAM est requis, bien que selon le logiciel utilisé, plus de mémoire puisse être nécessaire.
5. Disque dur : Il est indispensable d'avoir une capacité de 60 Go et 120 Go.
6. Ventilateur : Il est essentiel pour assurer le refroidissement de l'équipement.

Pour cette raison, une plateforme minière est considérée comme un investissement idéal pour obtenir un revenu supplémentaire lors de l'extraction de cryptocurrences, elle fait partie de cette conversion en un crack minier, ces idées lorsqu'elles sont mises en action génèrent de bons dividendes, en comptant sur une plateforme minière adaptée.

Le choix du portefeuille pour monétiser les crypto-monnaies

Un élément indispensable pour le minage de crypto-monnaies est le choix du portefeuille, car c'est là que seront reçus les paiements pour le minage, ceux-ci peuvent être de nature physique sous forme de matériel comme Trezor, OpenDime, KeepKey, et autres, ou peuvent être utilisés sous forme de logiciel ou d'application, comme Coinomi, Wasabi, Jaxx, entre autres.

D'autres appareils électroniques offrent l'alternative des portefeuilles froids, étant des appareils qui ont un niveau de confiance positif, permettant le téléchargement de logiciels pour une utilisation beaucoup plus personnelle sur l'appareil mobile, soit par l'App Store ou Google Play, trouvant des versions pour chaque appareil.

Bien que cette dernière option ne soit pas la plus conseillée par les experts, car cette méthode est exposée au piratage, bien qu'il existe des portefeuilles qui sont offerts par différentes maisons d'échange, l'important est de penser à une alternative qui a des clés pour protéger les fonds.

Le minage de crypto-monnaies est-il légal ?

Dans chaque pays, cette question reçoit généralement une réponse différente, car les lois changent pour les environnements concernés, il n'est donc pas possible de former un critère généralisé, ce qui peut être pris en compte est que les crypto-monnaies ont un fonctionnement décentralisé, c'est-à-dire parallèle au modèle traditionnel.

Mais cela ne signifie pas qu'il s'agit d'un type de monnaie intouchable, puisque dans plusieurs pays des réglementations ont été mises en place pour accorder des limitations sur l'exploitation minière, en plus des transactions de monnaies numériques, par exemple en Amérique latine ce genre d'opérations ne sont pas acceptées dans des pays comme la Bolivie.

Normalement, les limitations de ce type de monnaie sont imposées comme une protection contre les escroqueries ou les cyber-attaques, qui, dans certaines régions, peuvent constituer un sérieux problème lors de l'utilisation des crypto-monnaies, amenant les gens à réfléchir à deux fois avant de miner.

Au fil du temps, les crypto-monnaies sont associées aux cyber-attaques, mais ce qu'il faut valoriser, c'est l'aspect positif de permettre les transactions financières, qui devient un avantage, étant un résultat que l'ère numérique fournit, mais dans un futur proche, elle cherche à réduire le risque de fraude.

Bien que dans ce domaine, ce qui est difficile à mesurer en matière juridique, c'est la manifestation de la fraude, parce qu'il n'y a pas de réponse juridique à un mécanisme parallèle au système traditionnel, c'est-à-dire qu'il exigerait un niveau d'investigation et de connaissance approfondie que l'on ne possède pas dans de nombreuses régions du monde, donc il relève de décisions autonomes.

Qu'est-ce que le cloud mining ?

Le cloud mining est basé sur un service où un revenu est produit par le minage, ainsi des récompenses peuvent être reçues après les actions générées, il est basé sur le minage par un tiers, où la plateforme agit comme un intermédiaire, puisqu'elle fournit une partie de ce qui a été miné.

Cela peut soulever quelques questions sur le côté rentable de cette mesure, mais les mêmes facteurs ou détails l'influencent comme une action minière classique, de sorte que les deux voies présentent des risques particulièrement faibles, bien que le pourcentage de faire face à une arnaque augmente.

Bien que l'aspect positif de cette pratique est qu'elle ne nécessite pas un investissement profond sur l'équipement minier, diminuant que l'électricité, le système de refroidissement ou d'autres aspects ont une incidence, beaucoup moins est nécessaire d'inclure une maintenance, le seul négatif est la question d'être trompé.

La question de l'escroquerie et de l'exploitation minière en nuage est due au fait que les plateformes proposées proviennent des propres fermes de l'entreprise, il est donc difficile de mesurer le niveau ou la capacité d'exploitation minière qu'elles possèdent, et chaque participation va de pair avec des contrats qui comportent des clauses d'annulation lorsque les entreprises ne reçoivent pas de résultats positifs.

Les meilleurs services et alternatives de Cloud Mining

Avant de penser à un service ou à un média sur l'exploitation minière en nuage, il est essentiel de rappeler que vous devez choisir des entreprises accréditées, de cette façon vous pourrez penser plus librement à travailler avec des entreprises certifiées. Pour s'intéresser à un service, la première chose à faire est d'en étudier tous les aspects.

Grâce à une enquête préalable, des décisions appropriées peuvent être prises, en évitant tout type d'escroquerie dans ce domaine, car dans le monde des crypto-monnaies cela se produit fréquemment, c'est pourquoi dans la liste avec la meilleure réputation et les meilleurs résultats, vous pouvez trouver les services suivants :

1. **StormGain**

Le développement de l'exploitation minière dans le nuage, est développé par StormGain, car il peut exercer un grand nombre d'opérations matérielles, en particulier liées à l'exploitation minière Bitcoin, a une vitesse d'exploitation minière basée sur les serveurs cloud StormGain, cela est seulement limité par le nombre d'utilisateurs qui font partie du processus.

Au moins 30 à 40 minutes, en fonction du temps de production des blocs, les bénéfices du minage sont distribués, de manière égale à tous les utilisateurs qui participent ou font partie du processus de minage, puis lorsqu'ils atteignent 10 USDT le retrait peut être effectué et dans 72 heures il devient valide.

Les principaux avantages de ce service sont axés sur le service efficace qu'ils fournissent, en plus du type d'équipement utilisé sont totalement fiables, et a même un moteur qui empêche la fraude, mais aussi ont un soutien disponible pour répondre aux exigences de chaque utilisateur.

D'autre part, il faut tenir compte du fait qu'il s'agit d'un service où seul le minage de bitcoins est autorisé, également en termes de calcul, il est complexe de déchiffrer une mesure pour effectuer le retrait, ce sont les aspects avec lesquels il faut faire attention avant de choisir ce type de service.

2. **ScryptCube Cloud Mining**

Elle est conçue comme une entreprise située au Royaume-Uni, elle a une grande réputation en tant que meilleurs services miniers dans le nuage, car elle a un accès facile et est facile à manipuler, pour cette raison elle a des centres de données classés comme la dernière génération, de sorte qu'un grand nombre de mineurs peuvent utiliser ces fonctions.

La haute efficacité en échange d'un prix considérable, est une mesure qui est considérée au milieu de ce service, pour elle deux plans sont offerts qui permettent d'opérer, l'un d'eux a un coût de 1,90 dollars pour 100 GH/s, d'autre part le plan pour deux ans, a un prix de 3,50 dollars, ce processus ne représente pas de problème.

Les points forts de ce service sont qu'il fonctionne 24 heures sur 24, 7 jours sur 7, grâce à un plan rentable, chaque plan peut être personnalisé en fonction des objectifs de chaque mineur, de sorte qu'un large éventail d'utilisateurs peut utiliser pleinement chaque option, où chaque pièce minée est disponible sur le compte quotidiennement.

Un détail à considérer est qu'il ne supporte aucun autre type de minage que le Bitcoin, étant un aspect limitant pour ceux qui cherchent à miner d'autres types de crypto-monnaies, cependant ses avantages compensent un peu pour cette spécialisation unique sur le Bitcoin.

3. **Genèse**

Quand il s'agit d'un service de minage extrêmement fiable, sans aucun doute cette société est l'une d'entre elles, sa légitimité aide plus d'utilisateurs à faire partie de cette alternative, ce type de service existe, depuis que l'environnement de la cryptocurrency était inconnu, c'est pourquoi il est si fiable basé sur sa trajectoire.

L'ancienneté de ce type de plateforme est remarquable, car elle règne encore sur les affaires réalisées avec le minage du bitcoin, et dispose de différents actifs à dominer ou à suivre de près, comme l'Ethereum, le Zcash, le Monero, le Dash, et permet même d'échanger avec le Litecoin.

En termes généraux, cette entreprise a un service très propre, le minage de crypto-monnaies est une réalité sous ces services consolidés, où chaque équipe employée a un haut niveau de confiance, sans oublier qu'en cas de besoin il y a un service client optimal.

La seule chose que l'on peut qualifier de négative est qu'il ne dispose pas de plateformes d'échange, ce qui rend difficile la vente de hashrates, mais il est nécessaire d'étudier chaque offre afin de choisir un plan et une modalité efficaces.

4. **Nicehash**

Il est basé sur un service qui vous permet de décider de la quantité de hachage que vous souhaitez acheter, du type de conditions à appliquer, du montant à inclure, ainsi que du temps nécessaire pour que la puissance de hachage soit à un niveau optimal, et du montant que vous êtes prêt à payer.

En outre, l'économie qui fait partie de ce marché, a une opération spéciale et attachée à Bitcoin, cela est utilisé pour acheter le pouvoir de hachage, de sorte que chaque vendeur peut recevoir Bitcoin grâce à collaborer avec cette proportion, cela signifie que chaque paiement est produit en Bitcoin, au-delà de la cryptocurrency avec laquelle vous travaillez.

Les principales qualités de cette société sont qu'elle est simple d'utilisation, qu'elle dispose de Bitcoin comme méthode de paiement, qu'au niveau du logiciel elle est considérée comme l'une des meilleures pour le minage, sans oublier qu'elle paie plus que le taux de minage, ce qui est une grande ambition pour tout le monde.

Bien que les détails qui devraient être pris en charge, est qu'il a des taux élevés par rapport à d'autres pools miniers, d'autre part le taux de paiement a un comportement un peu lent, et dans le cas où vous voulez miner de petites cryptocurrencies, ce n'est pas la meilleure option, car ils ne reçoivent pas un traitement amical.

Ce sont les services qui ont la plus grande tendance actuellement, chaque alternative a ses points forts et ses points faibles, l'essentiel est qu'ils couvrent les mesures de fiabilité, ce n'est pas un détail mineur, car en ligne il y a beaucoup d'escroqueries, mais avec ces cinq services tout change en faveur.

Extraction de crypto-monnaies avec des cartes vidéo GPU

L'un des principaux types de minage de crypto-monnaies est l'utilisation de cartes vidéo-GPU, étant une méthode destinée à l'époque à traiter les bitcoins, cette alternative permet de profiter de la puissance de calcul possédée par les cartes graphiques vidéo, aidant à résoudre les problèmes de calcul du réseau.

Cette méthode est efficace parce qu'il n'y a pas de grande puissance de calcul, ainsi les réseaux Blockchain qui ont l'exploitation minière GPU, sous l'exigence de puissance de calcul avec un niveau inférieur, pour avoir la puissance de miner.

Extraction de crypto-monnaies avec des machines ASIC

Comme mentionné, le recours aux ASIC est basé sur les fonctions du circuit, intégré spécifique à l'application, et a une conception unique pour les crypto-monnaies, dans ce scénario est une puissance de calcul plus élevée, par rapport aux cartes vidéo, qui a augmenté sa fréquence d'utilisation.

Mais en même temps, cette concurrence augmente la difficulté de miner les réseaux Blockchain où ce type d'équipement est autorisé à être utilisé, la technologie SIC est employée pour être utilisée sur la monétisation du bitcoin.

Qu'est-ce que l'algorithme Proof to Work ?

Il s'agit de l'un des premiers algorithmes qui ont été établis sur les échanges de crypto-monnaies, notamment avec les débuts du minage de Bitcoin, cette conception fait que les mineurs doivent fournir un niveau plus élevé de puissance de calcul, ainsi des algorithmes complexes peuvent être résolus.

Ce dépassement permet d'ajouter des blocs de transactions au sein des blocs du réseau, pour noter ce niveau d'échange, vous devez participer au consensus Proof To Work, pour trouver le hash valide qui se trouve sur le bloc, pour l'incorporer dans le réseau, afin de pouvoir ajouter un nouveau bloc d'opérations.

Plus la puissance de calcul est obtenue sur le rôle du mineur, plus la chance de trouver le bon hachage, en déterminant cette information est visualisée de près car elle intervient dans le processus de minage sur le bitcoin, donc pour miner ce type de crypto-monnaie est un must pour connaître l'algorithme.

Le degré de difficulté mesuré est la complexité ou la facilité à trouver le hash valide pour que le bloc de transaction puisse être incorporé au réseau, ceci varie en fonction de la puissance de calcul qui peut être connectée au réseau, dans le cas spécifique du bitcoin son réseau change en termes de complexité tous les 2016 blocs.

Pour cette raison, il est nécessaire d'évaluer tout le temps qu'il faut pour ajouter le 2016 sur le réseau Blockchain, cela a été découvert à travers une moyenne de tous les 14 jours, cela signifie que les blocs sont ajoutés au moins toutes les 10 minutes, si cela change, et le cycle est accéléré, il exige plus de demande pour la puissance de calcul des mineurs.

Qu'est-ce que l'algorithme de la preuve d'enjeu déléguée ?

L'algorithme susmentionné a donné de l'utilité à cette opération, mais ce que son propre nom ou dénomination indique, c'est qu'il s'agit de validateurs, leur permettant de participer comme un type de mineur au sein du réseau, et il a une action similaire à la précédente, suivant une ligne démocratique.

La dynamique de ce réseau est développée sous le vote des utilisateurs pour choisir qui sera le type d'utilisateurs qui travailleront pour permettre au réseau de se maintenir, en plus d'avoir l'approbation des transactions.

La possibilité d'un minage centralisé des crypto-monnaies

Au milieu du minage de crypto-monnaies, on trouve généralement plusieurs options, mais avant de prendre une décision, il est nécessaire de savoir ce qu'implique une monnaie décentralisée, celles-ci font partie d'un projet où ces monnaies fonctionnent à travers un modèle centralisé, où un réseau privé concourt.

En tant que réseau privé, il est géré par une seule personne, un groupe spécifique ou une entreprise. Le meilleur exemple de ce type de projets centralisés est Ripple, car il est géré par une entreprise, et dans le cas de Petro, il est géré par l'État, c'est pourquoi il est classé comme centralisé.

Ce type de contrôle rend impossible le minage du Petro ou du Ripple, car ils ne sont pas accessibles au public, et une autorisation est nécessaire pour opérer au sein du réseau.

Conseils et astuces pour miner de l'Ethereum

Depuis le lancement d'Ethereum qui a été généré en 2015, permettant des opérations décentralisées, son fonctionnement est développé à travers l'open source, et fait toujours partie de la technologie blockchain, il est aussi fréquemment utilisé pour fonctionner avec la crypto-monnaie ether.

Ethereum au-delà d'être une plateforme, est composé en étant un langage de programmation, ceci est développé à travers la blockchain, étant une aide pour les développeurs à mettre en œuvre comme Smart Contracts et applications distribuées (Dapp), pour laisser de côté la fraude, sans affecter l'inactivité et le contrôle externe.

L'Ether en tant que crypto-monnaie, fait partie de l'utilisation de la plateforme Ethereum, étant un jeton qui est utilisé pour payer les commissions établies pour chaque opération ou transaction, en plus des coûts de calcul, ceci est basique à savoir pour effectuer le minage Ethereum, étant l'une des options les plus populaires.

L'exploitation minière d'Ethereum est effectuée de manière similaire à celle de bitcoin, puisque la résolution de certaines équations mathématiques doit être effectuée par le biais d'un matériel approprié. Sa dynamique inclut des mineurs de partout dans le monde, et elle est utilisée comme réponse pour déchiffrer des énigmes cryptographiques complexes.

Le succès recherché dans ce type de minage consiste à intégrer des blocs à la blockchain Ethereum jusqu'à ce que la récompense attendue soit générée, ce qui signifie que le premier mineur qui parvient à dévoiler une équation est récompensé par 2 ETH par bloc, frais de transaction compris.

S'il est vrai que seulement 18 millions de nouveaux ETH peuvent être créés au cours d'une année, d'un autre côté, l'avantage rugit car il n'y a pas de limites au nombre total de jetons qui peuvent être générés, alors que le bitcoin n'a qu'un nombre fini de jetons, les façons de miner l'ETH, sont les suivantes :

1. Créez un pool minier personnel.
2. L'exploitation minière directe, qui désigne l'exploitation minière sur une base individuelle.
3. Faites partie d'un pool minier d'ETH.
4. L'exploitation minière en nuage, bien que cette alternative ait un niveau élevé de concurrence, et l'investissement est très exigeant.

Parmi les moyens de miner de l'Ethereum, il est essentiel d'explorer les options suivantes :

- **Extraction d'Ethereum au moyen d'un matériel spécifique.**

Le matériel dédié à l'exploitation minière Ethereum, est connu sous le nom de Mining Rig aussi, étant un équipement spécial utilisé pour cette tâche, ils sont composés par une alimentation, ainsi que la carte mère, carte graphique, en plus d'un dispositif de refroidissement, étant compatible avec la plate-forme minière, divisé en CPU et GPU.

Dans le cas des plateformes minières CPU, elles sont responsables de l'utilisation d'un processeur CPU qui peut être intégré à des algorithmes de complexité, ce qui aide à résoudre les blocs qui font partie de la blockchain. Ces plateformes sont populaires et plus pratiques que les mineurs, car il s'agit d'une solution économique et simple à utiliser.

La principale exigence pour ce processus est un ordinateur, mais il est essentiel de noter que c'est un chemin lent, cependant il peut également être épuisé en utilisant le matériel GPU, connu sous le nom d'unité de traitement graphique, étant ce qui ajoute à la puissance de hachage accrue des mineurs.

Les anneaux de minage GPU nécessitent des cartes graphiques, mais ils n'exécutent pas les algorithmes de la même manière que le CPU, bien qu'ils soient capables d'accomplir les processus de minage sur des réseaux fermés, cependant les appareils de minage GPU sont beaucoup plus efficaces que les appareils de minage CPU dans tous les autres aspects, c'est pourquoi ils sont plus chers.

- **Matériel pour l'extraction d'éther**

Avant de connaître les meilleurs hardwares, il est essentiel de prendre en compte les coûts que chacun d'entre eux représente, mais ce sont sans aucun doute des options à considérer pour avoir de bons résultats :

1. **Radeon RX 5700 XT**

Elles présentent un fonctionnement à triple dissipation, étant l'une des meilleures cartes que les mineurs d'ETH utilisent actuellement, elle est capable de miner à un taux de 60 Mega Hash, elle nécessite 68w par carte, étant une mesure à prendre en compte pour déterminer une dépense par jour.

2. **Nvidia GeForce GTX 1070**

C'est l'une des cartes graphiques qui sont fréquemment utilisées dans les jeux, pour cette raison, sa performance dans l'exploitation minière, fait qu'il a été choisi comme un outil recommandé, car il aide à maintenir le taux de hachage à un niveau élevé, sans avoir besoin d'émettre une consommation d'énergie élevée.

3. Nvidia GeForce GTX 1660 Ti

Il est connu comme une option idéale et secondaire au RX 5700, car il a une force ou une puissance pour exploiter au moins 30,5 Mega Hash par carte, demande également environ 68w, étant égale aux exigences du 5700.

Dans certains cas, les mineurs ont une inclinaison directe pour utiliser une Radeon, puisqu'il s'agit d'une carte Radeon, qu'elle a la même puissance que Nvidia et qu'elle représente un coût réduit de moitié.

• **Extraction d'Ethereum avec un PC**

Pour exploiter les mines à partir de n'importe quel endroit qui génère du confort pour vous, sans aucun doute la méthode PC est une grande réponse, et pour cela vous devez prendre en compte les étapes suivantes pour Windows :

1. Pour miner de l'Ethereum via Windows, vous devez disposer au minimum de Windows 7 64 bits, bien qu'une version ultérieure fonctionne également.
2. Dans le cas du minage, il faut un PC avec 4 Go de mémoire GPU, et du côté de la RAM, il doit aussi avoir 4 Go, sans oublier la connexion internet stable, et il doit aussi être puissant.
3. Installation de la version actuelle des pilotes de GPU.
4. Télécharger un logiciel de minage, pour cela il existe de nombreux programmes dédiés au minage d'Ethereum.
5. Il fournit la configuration de Windows, en cherchant à définir la mémoire virtuelle pour avoir au moins 16 384 Mo, puis il est vital d'aller dans les paramètres d'alimentation de Windows pour désactiver le mode veille, puis vous devez entrer dans Windows Update pour le désactiver. Dans le cas où vous utilisez Windows Defender ou tout autre antivirus, vous devez faire une exception, afin qu'il n'y ait pas d'interférence avec le programme de minage.
6. Sélectionnez un pool minier en fonction de vos préférences.
7. Modifiez le fichier . bat du programme minier selon les instructions du pool minier choisi.
8. Il compte sur la préparation du portefeuille pour que les Ethers obtenus puissent être stockés, il est essentiel d'en

choisir un qui soit compatible avec la plateforme Ethereum.

Dans le cas de l'exploitation minière Ethereum sur Mac, il est une considération préalable, de reconnaître son niveau de rentabilité, mais en réalité, cela est répondu avec le manque de disponibilité de la version Mac, donc pour utiliser ce type de système d'exploitation, vous pouvez utiliser l'interface utilisateur graphique (GUI) comme une modalité de Minergate, les étapes sont les suivantes :

1. Téléchargez le logiciel à partir de leur site web.
2. Inscrivez-vous et obtenez un compte.
3. Connectez-vous et commencez à utiliser le logiciel avec votre compte.
4. Commencez à extraire de l'Ethereum.
5. Mais le GPU n'est pas disponible pour Mac, même si vous utilisez Minergate.

- **Logiciel de minage d'Ethereum**

Une liste importante de logiciels sur le minage d'Ethereum permet de lever tous les doutes et de générer des récompenses :

1. **Claymore**

C'est un choix basé sur la compatibilité qu'il a avec des systèmes tels que Windows et Linux, il est également classé comme l'un des meilleurs pour effectuer le minage sur Windows 10, sous ces exigences, il a une performance efficace, cela est dû au fait qu'il a le double Ethereum miner, qui aide à extraire les cryptocurrencies avec des algorithmes.

Le plan de décryptage de l'algorithme de la crypto-monnaie ne compromet pas le taux de hachage, et une autre de ses qualités est qu'il permet le minage d'autres crypto-monnaies au-delà d'Ethereum, le tout à travers une commission de 1%, en cas de sélection d'un double minage, il a une commission de 2%.

2. **Ethminer**

Il représente l'un des logiciels les plus populaires, notamment parce qu'il facilite le minage des crypto-monnaies qui sont associées à l'algorithme Ethash, cela inclut Ethereum, Ethereum Classic, Musicoin, entre autres, il peut également fonctionner sur Linux et Windows sans problèmes, mais la puissance de sa conception est avec les cartes graphiques Nvidia.

Actuellement, il représente l'un des plus brillants logiciels de minage d'Ethereum, étant idéal pour Windows 7 et Nvidia.

3. **MinerGate**

MinerGate est connu comme un sofwre idéal pour les utilisateurs de Mac qui veulent miner Ethereum, provoquant une réalité pour miner BTC, Zcash, Monero, DASH, et d'autres tokens similaires, le taux de commission qui se pose est de 1%, et jusqu'à 1,5% selon le type de monnaie, sa gestion est très simple à manipuler, utile pour les débutants.

4. **CGMiner**

Il représente l'un des logiciels de base de l'exploitation minière d'Etthereum, il est également gratuit, il est écrit en C++, ce qui l'aide à être compatible avec la plupart des plates-formes, son fonctionnement a une interface de commande simple, il peut donc fonctionner sur plusieurs pools, ainsi que sur des dispositifs d'exploitation minière.

L'interface que possède le logiciel, permet de rendre simple la configuration des commandes, il dispose également d'outils comme le calculateur de minage Ethereum, car il permet de contrôler et de détecter le taux de hachage, sa conception originale est pour le pool de minage Ethereum, de la même manière le GPU peut être utilisé.

- **La rentabilité du minage d'Ethereum par le biais d'un ordinateur portable.**

L'exploitation minière de l'ETH, chaque fois des défis et des tests différents moyens d'effectuer ce processus, à laquelle est ajoutée la pénurie de GPU, provoquant NVIDIA à devenir une priorité pour tout mineur, cette position est devenue plus importante quand une annonce de NVIDIA et AMD sur sa pénurie a surgi.

Cette situation affecte directement les activités d'un grand nombre d'utilisateurs en ligne, en particulier les mineurs de crypto-monnaies, ce qui a provoqué la solution principale et le dévouement des ordinateurs portables qui ont des cartes graphiques GeForce RTX, faisant partie de la série 30 de NVIDIA, qui est utilisé pour miner Ethereum.

Mais un ordinateur portable est capable de miner de l'ETH et en même temps d'être rentable, lorsque ce sujet est étudié plus en profondeur, étant un domaine qui a du sens en Chine, parce que des vidéos ont été publiées sur la façon dont il est simple et rentable de miner de l'Ethereum par ce biais, ce qui fait que le PC portable gagne en importance.

L'essentiel est que ces ordinateurs peuvent avoir l'inclusion d'une carte graphique RTX 3060, permettant de réaliser le minage en peu de temps, mais cela ne génère pas de bons dividendes économiques, bien qu'avec l'ordinateur portable NVIDIA, il y ait une possibilité de miner un montant supérieur à 2 ETH par an.

Le détail qui n'est pas encore étudié en profondeur, est la consommation d'énergie, elle peut donc être une dépense importante, dépassant même la quantité de pièces minées, pour que le minage GPU soit rentable, il est nécessaire de miner au moins 24 heures par jour, 7 jours par semaine, ce qui peut causer des dommages à l'équipement.

L'aspect négatif est que ce genre d'appareils n'est pas conçu pour supporter cette charge de travail, et encore moins si elle est permanente, il faut donc penser à l'exposition que l'ordinateur portable recevra, car il pourrait ne pas résister, et même dépasser le coût de l'ordinateur, le montant généré après le minage.

Obtenez de meilleurs résultats miniers avec un GPU NVIDIA.

Le faux mythe de la nécessité de PC de pointe pour miner des crypto-monnaies doit être mis de côté, car la chose la plus importante est basée sur la carte graphique, mais ce qui mérite vraiment l'attention est la question du refroidissement, parce que cela aide le GPU peut continuer à fonctionner à travers une vitesse exceptionnelle.

Les baisses de température peuvent être contrôlées en prenant les précautions nécessaires, le reste vous pouvez choisir un processeur bas de gamme, car les autres éléments sont responsables du maintien d'une performance optimale, comme l'intégration de l'alimentation électrique, où vous ne devriez pas lésiner sur un certain niveau d'investissement.

Il est conseillé d'utiliser un bloc d'alimentation qui a la certification 80 Plus Platinum, parce que sinon cette efficacité inférieure ne fait que provoquer un niveau plus élevé de chaleur, et augmente la consommation d'énergie, pour cette raison pour l'exploitation minière Ethereum, il est une grande option NVIDIA GPU, où les éléments suivants doivent être considérés :

- **Bande passante avec VRAM :** L'extraction d'Ethereum peut être effectuée de manière optimale, lorsque la bande passante de la carte graphique est plus élevée, c'est pourquoi sur le marché est très demandé d'acheter GeForce RTX 3000, car ils fournissent une bande passante à considérer.
- **La consommation d'énergie imposée par la carte :** Il ne fait aucun doute que l'aspect énergétique est un élément d'une grande pertinence, car les différentes vitesses sont obtenues dans le cadre des fonctions d'overclocking du GPU, où des tensions inférieures peuvent avoir un impact sur les valeurs de la carte graphique.

Par conséquent, le meilleur résultat est d'obtenir une combinaison de la vitesse de la VRAM, ainsi que de la vitesse d'horloge, afin d'obtenir un meilleur rendement, jusqu'à ce que les tensions soient basses, car l'idéal est que le rapport exploitation/consommation soit équilibré, en cherchant à ce qu'il soit sous un niveau élevé, cela permet de garantir la rentabilité.

Pour atteindre de tels objectifs, il est préférable d'utiliser MSI Afterburner, car il s'agit d'un outil qui facilite le contrôle logiciel pour ajuster la valeur de la tension et la valeur de l'horloge du GPU, ce qui inclut la mémoire, pour obtenir un tel résultat, vous pouvez choisir parmi la série de cartes graphiques NVIDIA GeForce.

Découvrez comment miner Ethereum en utilisant Ubuntu Linux

Au moment de l'exploitation minière, il existe différentes méthodes qui peuvent être utilisées, en particulier en profitant de la puissance de la carte graphique connue sous le nom de NVIDIA GeForce GTX 1070, étant l'une des meilleures alternatives pour l'exploitation minière, car elle a une puissance de traitement exceptionnelle, et transmet l'efficacité au niveau énergétique.

Comparé à d'autres cartes, cela représente une solution remarquable, c'est le GPU haut de gamme qui génère un impact plus faible sur l'investissement de l'électricité, ayant ce type de matériel comme une réponse, la prochaine chose est de penser au logiciel, où le minage en Linux se distingue pour être une méthode beaucoup mieux.

Cette préférence pour Linux est due au fait qu'il est composé en étant un système d'exploitation libre, donc l'investissement est considérablement réduit, sans laisser de côté que le minage peut être pratiqué avec une plus grande efficacité, faisant que le taux de hachage peut être plus élevé, jusqu'à trois fois plus, par rapport à Windows et en utilisant le même matériel.

L'utilisation de Linux pour les serveurs ou les projets web est une réalité, puisqu'il fournit des résultats positifs, son évolution sur ce type de cible est positive, aussi son installation et son fonctionnement sont des étapes simples, donc les méthodes à réaliser est l'installation d'Ubuntu, en ayant un ordinateur qui a Linux bien sûr.

Le plus convivial en termes d'investissement et de fonctionnement est de fonctionner avec Ubuntu, pour cela vous devez avoir les conditions suivantes :

1. Une clé USB d'au moins 2 Go.
2. Téléchargez Etcher, ce programme est compatible avec Windows, Linux ou Mac.
3. Il a le programme d'installation d'Ubuntu 16.04.

La première chose à faire avec ces éléments, est de formater la mémoire USB, puis vous devez ouvrir le programme Etcher, pour suivre une à une les étapes de l'installation, puis le programme demande d'ajouter où se trouve le . iso qui appartient à l'installateur Ubuntu, ceci est accompli de manière simple.

Une fois que vous avez répondu sur quel disque le système d'exploitation est installé, le reste avance automatiquement, cela peut également être fait en partitionnant le disque pour avoir Windows et Ubuntu en même temps, ou d'autre part vous pouvez investir dans un disque de 120 Go pour laisser Ubuntu, ce genre de capacité n'est pas aussi cher que vous le pensez.

Après avoir rempli ce type d'installation, il est temps de passer à la déconnexion de la clé USB, cela nécessite de redémarrer la machine, pour entrer dans Ubuntu, la prochaine chose est d'installer le logiciel qui vous permet de miner Ethereum, pour cela vous devez avoir les exigences suivantes :

1. Installez Geth et ethminer.
2. Ajoutez les pilotes qui appartiennent aux cartes graphiques.

3. Inscrivez-vous et obtenez un portefeuille personnel pour recevoir l'Ethereum que vous avez extrait.

L'étape suivante consiste à exécuter les étapes à partir de la fenêtre du terminal, le lanceur Ubuntu est situé dans le coin supérieur gauche, c'est une partie de l'interface, il est effectué en appuyant sur la touche Windows, pour procéder à taper "terminal2, ainsi l'icône précédente apparaît pour démarrer l'application.

Après avoir passé cette phase, il est temps d'installer le dépôt APT qui fait partie d'Ethereum, à travers les commandes : sudo apt-get install software-properties-common, sudo add-apt-repository ppa : ethereum/ethereum, sudo apt-get update, en entrant ces commandes, vous pouvez installer geth et ethminer.

Pour l'installation à effectuer, les commandes sudo apt-get install ethereum ethminer geth doivent être installées, à la conclusion de cela, il est temps d'installer les pilotes de la carte graphique, dans cette étape le support CUDA doit prévaloir pour effectuer le minage Ethereum, étant quelque chose de clé.

Il est essentiel de respecter l'étape précédente, car les pilotes Linux open source sont classés comme suffisants, vous devez donc rechercher les pilotes spécifiques pour le GPU que vous avez choisi. Lorsque vous installez ces pilotes, vous ne pouvez pas exécuter l'interface graphique d'Ubuntu en même temps, vous devez donc quitter.

Pour sortir de cette interface, il faut appuyer sur la commande pure et dure, c'est à dire Crtl + Alt + F1, ensuite il demande d'entrer le mot de passe ainsi que l'utilisateur, cela permet d'arrêter le serveur X après la commande sudo service lightdm stop, donc de lancer le pilote de la carte graphique, pour cela il faut sélectionner le dossier où il se trouve.

Pour terminer cette installation, l'ordinateur doit être redémarré, au moyen de la commande sudo shutdown -r now, puis au démarrage, on accède de nouveau à la fenêtre du terminal, à ce stade on effectue un test pour déterminer si ethminer est capable de détecter les cartes graphiques, en appliquant la commande ethminer -list-devices.

Le résultat doit être compatible avec le nombre de cartes graphiques que possède votre machine, cela inclut à la fin le nom et la mémoire totale, lorsque le résultat n'est pas exact, cela signifie que l'étape précédente n'a pas été effectuée correctement, ou d'autre part le GPU peut ne pas être connecté correctement.

Dans le cas d'être correct, ou résolu, ce qui suit est d'effectuer un benchmark ethminer, après la commande : ethminer -M -G, dans le cas de -M est une indication ou un avertissement pour effectuer le benchmark, d'autre part le -G est de le faire avec les GPU qui sont installés, au premier moment de l'exécution de cette étape, un DAG doit être créé.

Cette procédure prend entre 8 et 15 minutes, à la fin il présente la révélation du taux de hachage minimum, la moyenne et aussi le maximum, chaque carte graphique a son propre taux, sans et avec l'overclock pour régler les deux vitesses, enfin l'étape suivante est de créer le portefeuille pour recevoir l'Ethereum.

L'étape consiste à installer geth, car cela vous permet de créer le portefeuille, ainsi que d'attribuer un mot de passe à usage unique, où la fonction geth account new s'inscrit, il est essentiel d'être très prudent avec le mot de passe choisi, car il fait partie du contrôle et de l'administration d'Ethereum.

Le résultat final de la commande, représente ou se conforme à une longue séquence de chiffres et de lettres, ce qui est à l'intérieur des crochets représente l'adresse du portefeuille, une fois qu'il a été miné, ce qui est généré est stocké dans cette adresse, en plus d'être en mesure de recevoir avant tout utilisateur qui veut vous envoyer Ethereum.

Méthodes pour miner le Zcash

L'objectif de Zcash en tant que forme de minage, se pose depuis 2013, à travers le développement de Zooko Wilcox, étant une mesure alternative pour corriger la question de la confidentialité du Bitcoin, ainsi une combinaison entre Bitcoin et Zcash appelée protocole Zerocash a été générée.

Ainsi, elle est présentée comme une crypto-monnaie qui prend soin de la vie privée, le tout sous le mécanisme d'identité appelé zk-SNARKs, qui garantit que chaque transaction est totalement privée et anonyme.

Le jeton qui appartient à Zcash est ZEC, comme avec d'autres crypto-monnaies, cela a une offre limitée d'au moins 21 millions de jetons, connaissant ces détails de base, l'exploitation minière suivante en tenant compte que le Zcash utilise un algorithme appelé Equihash qui n'est pas lié au matériel ASICs.

D'autre part, un aspect particulier est que le Zcash a un temps de bloc estimé à 1,25 minutes, alors que celui du Bitcoin est de 10 minutes, ce qui fait que la récompense est de

6,25 jetons ZEC pour chacun des blocs résolus, ce qui est vital à prendre en compte lors de l'achat de matériel et de logiciels spéciaux pour le minage du Zcash.

- ## **Extraction de Zcash avec CPU**

Il s'agit d'un type d'exploitation minière qui utilise un processeur potentiel de l'ordinateur pour miner, c'est ce qu'on appelle l'exploitation minière CPU, où vous devriez chercher un noyau avec un processeur de haute performance, donc il est recommandé d'utiliser les GPU afin que le retour sur investissement ne soit pas faible, surtout face à la demande causée par le logiciel, cela leur fait avoir un avantage.

- ## **Extraction de Zcash avec GPU**

C'est l'une des modalités de minage les plus développées, et elle est réalisée au moyen de l'utilisation de cartes graphiques, afin de mettre de côté la résistance des crypto-monnaies aux ASICs, pour cette raison c'est une option qui prend de plus en plus d'importance, au-dessus des ASICs et des CPUs.

Parmi les GPU performants, il ne fait aucun doute que les cartes AMD et NVIDIA constituent une excellente alternative.

Il est essentiel d'en choisir un qui dispose d'au moins 1 Go de RAM, et de penser aux options d'efficacité énergétique.

Le GPU le plus populaire pour l'exploitation minière de la ZEC est le GTX 1080, car il permet une économie d'énergie importante, le GTX 1080 Ti a également plus de puissance lors de l'exploitation minière d'Equihash mais il est cher, en plus de cela AMD Vega 56/64 mais n'ont pas autant d'efficacité sur l'algorithme Equihash.

- **Extraction de Zcash par ASICs**

De même, comme rappelé ci-dessus, l'algorithme Equihash présente une résistance lors du minage du Zcash, mais en réponse à ce problème, le matériel ASIC, reconnu comme Bitmain, s'est prononcé sur le lancement de l'ASIC à mettre en œuvre sur l'algorithme Equihash, c'est-à-dire en recherchant la compatibilité avec le Zcash.

Ce type de matériel est connu sous le nom d'Antminer Z11, qui fournit jusqu'à trois fois plus de puissance que le précédent Z9 mini, possède une force de hachage de 135 KSol/s, tout en offrant une marge d'efficacité énergétique remarquable.

- **Logiciel minier dédié au Zcash**

Après avoir couvert la question du matériel, l'étape suivante est l'installation d'un logiciel de minage Zcash, pour cela il y a une grande variété à prendre en compte, parmi les plus frappants est le logiciel de minage Zcash, bien qu'il ne fonctionne qu'avec le CPU, donc d'autres logiciels peuvent être développés pour utiliser le GPU.

Il est conseillé d'utiliser des GPU AMD et des GPU NVIDIA, comme les plus demandés par la communauté minière, dans cet environnement il est conseillé de commencer avec un groupe dédié au minage, car cela permet d'augmenter les chances d'obtenir des jetons, c'est une méthode plus réussie dans ce cas.

Apprenez à miner du Litecoin

Chaque aspect du minage du Litecoin est un moyen d'obtenir des récompenses, notamment parce que le minage du Bitcoin prend jusqu'à 10 minutes après la confirmation de chaque bloc, alors que le Litecoin a une vitesse quatre fois plus rapide, puisqu'il a 2,5 minutes d'estimation.

Cette information est un excellent début pour commencer à penser au minage de Litecoin, qui a comme exigence d'avoir du matériel spécialisé pour atteindre cet objectif, mais pour cela il existe une variété d'options disponibles pour développer cette alternative, l'essentiel est d'avoir un investissement.

L'exploitation minière peut être développée individuellement ou dans le cadre de partenariats, l'important est de choisir l'alternative la plus appropriée, de développer les formes de monétisation suivantes, en tenant compte des utilitaires les plus appropriés pour avoir une marge bénéficiaire positive :

- **Matériel de minage de Litecoin**

Les avantages du minage de Litecoin peuvent être récoltés par l'utilisation d'un CPU ou d'un GPU (unité de traitement graphique), mais les gains les plus substantiels résultent d'éléments spécialisés tels que les ASIC, qui sont un ensemble de fonctions plus puissantes.

C'est pourquoi, pour exploiter une mine, il faut penser à investir pour l'acquisition de la pièce suivante :

1. **Antminer L3+ :** Il est perçu comme l'un des matériels d'exploitation minière les plus puissants, car il a une vitesse remarquable, et cela aide à rivaliser pour des résultats positifs, et les calculs qu'il développe, émettent un taux de hachage très positif, cela signifie que sa résolution est plus rapide que les autres matériels.

Si cela implique un niveau d'investissement plus élevé que ce dont vous disposez, vous pouvez envisager l'exploitation minière en nuage, bien que les avantages économiques soient moindres, il s'agit donc d'apprendre et d'explorer comment cette activité est développée.

- **Logiciel de minage de Litecoin**

Pour développer le minage de Litecoin, il est vital que la partie Antminer L3 ou L3+, obtienne une configuration adéquate, ce qui n'est pas compliqué, d'autant plus qu'elle comprend un fichier dédié à l'installation, pour que ce processus se fasse efficacement, vous devez suivre les étapes suivantes :

1. Connectez-vous au site Web de BitMain, qui est le fabricant d'Antminer, afin de créer un compte.
2. Par le biais du contrôleur matériel, il faut appuyer sur le bouton du rapporteur IP pendant au moins 5 secondes jusqu'à ce qu'un signal sonore retentisse.
3. Ensuite, lorsque l'adresse IP s'affiche à l'écran, il faut la saisir sur le site de BitMain.
4. Une fois cette configuration appliquée, l'étape suivante consiste à se rendre dans le portefeuille Litecoin pour envoyer les pièces qui ont été minées.

Il est important de souligner qu'avant d'acheter tout matériel, il faut étudier toutes les dépenses dérivées de son fonctionnement, qu'il s'agisse de la variable électricité, ainsi que de l'achat de l'équipement.

Comment extraire des bitcoins : ce que vous devez savoir

Le fonctionnement du Bitcoin est basé sur sa limitation à 21 millions de pièces, et c'est un montant qui ne reçoit pas de modifications, donc la quantité de pièces libérées est établie comme une récompense pour le travail ou l'effort fourni, qui est limitée dans le logiciel et reste à 210 000 pour chaque bloc.

Toutes les 10 minutes, des pièces sont émises pour générer une circulation fréquente, et c'est le résultat final de la compensation qui survient après le minage, c'est une action continue de génération et de validation de chaque bloc, jusqu'à former un grand livre qui appartient au réseau blockchain, donc la mission est que de nouveaux bitcoins soient en place et obtiennent des commissions.

Le processus de minage de Bitcoin, est effectué avec des actions de routine, ce qui change est le problème mathématique qui est présenté, ceux-ci se présentent toutes les 10 minutes, et l'intention est d'émettre de la vitesse pour le résoudre, lorsque la solution est trouvée, il est temps d'obtenir la récompense attendue, le réseau lui-même impose des temps de transaction pour le hachage.

Les exigences en matière de matériel ou de logiciel doivent être couvertes, car il faut créer un système permettant de vérifier les opérations, ce qui est essentiel pour éviter qu'ils puissent utiliser la même quantité de bitcoins en plusieurs occasions, car cela correspond à une introduction de pièces contrefaites sur le marché.

- **Coopérative ou pool minier pour Bitcoin**

Pour aspirer à une résolution des calculs mathématiques, il est vital de disposer d'une puissance de calcul, puisque cela provoque qu'il y a une facilité à résoudre un bloc, le parrainage de la portée des récompenses, donc travailler ensemble peut être une réponse, se joindre à travers le pool est une facilité pour résoudre les blocs.

D'autre part, effectuer seul ce type d'opérations peut s'avérer un processus beaucoup plus complexe, la puissance de calcul n'étant pas la même, l'association avec d'autres utilisateurs est donc une mesure plus efficace en matière économique.

• Ce que la récompense représente pour les mineurs

Le code Bitcoin est chargé de valider un bloc, et c'est ce qui libère une certaine quantité de pièces, normalement la mesure de 6,25 bitcoins a été établie pour chaque nouveau bloc qui a été validé, car la troisième division en deux des bitcoins a eu lieu le 11 mai 2020, bien qu'à ce genre de montants, il faille incorporer des commissions.

Chaque bloc, sur les 210 000, est offert comme récompense et est divisé en deux, faisant partie du concept de division en deux, qui est l'objectif poursuivi lors du minage du bitcoin, avec un regard direct vers la monétisation.

• Exigences pour le minage de bitcoins

Au début, le minage de bitcoins se faisait par l'utilisation de processeurs ou de CPU d'équipements informatiques, car il ne s'agissait pas d'une activité très prenante, mais lorsque davantage d'utilisateurs ont commencé à participer à cette mesure, un niveau de difficulté plus élevé a été généré, nécessitant ainsi une plus grande puissance de calcul.

Mais en même temps, comme la quantité d'exigences augmente, le niveau de récompense aussi, ils ont commencé à intégrer les cartes graphiques comme les meilleurs alliés, il en va de même pour les GPU, puisqu'il s'agit de processeurs graphiques, surtout avec les versions émises par bitcoin qui permettent d'utiliser plus de processeurs.

Ces libertés entraînent l'intégration de machines spécialisées, telles que les ASIC, qui sont basées sur des équipements conçus pour cette tâche, car elles ont une puissance de calcul supérieure, ce qui fait que les cartes graphiques ne sont plus une exigence incontournable, bien que ces ASIC n'aient pas les performances d'un PC normal.

Les meilleurs pools de minage de crypto-monnaies

Lorsque vous n'avez aucune expérience dans le minage de crypto-monnaies, il est facile de penser et d'opter pour les pools, surtout lorsque vous connaissez les plus grands sur le marché, et ils peuvent être mesurés en fonction du taux de hachage, de sorte que vous pouvez également bénéficier d'une garantie importante de stabilité, et même avoir des paiements fréquents.

Ce niveau de couverture en travaillant ensemble pour miner est brillant, pour cette raison, vous devez connaître les meilleurs pools miniers :

1. BTC.com
2. AntPOOL.
3. Slush POOL.
4. ViaBTC.
5. F2pool.

Au milieu du choix de la piscine, un grand nombre de facteurs influencent, par conséquent, certains aspects doivent être considérés pour poursuivre le chemin approprié, puisque la génération de bénéfices en dépend, l'essentiel est d'analyser les données du système de récompense des piscines, afin d'obtenir la clarté sur ce qui est le plus approprié.

Bien que l'on ne puisse ignorer que certaines piscines sont confrontées à des problèmes quotidiens, ce qui entraîne un problème ou un temps d'arrêt, il est conseillé d'utiliser d'autres options dans certaines situations, afin que les performances puissent être maintenues à 100%, de la même manière qu'elles peuvent être classées en fonction de ces éléments :

• Pools miniers sans enregistrement préalable

Beaucoup de pools pour effectuer l'exploitation minière exigent une inscription préalable, cela fait que chaque mineur peut être organisé, et même obtenir des notifications et des statistiques sur cette activité, bien que l'inscription est généralement un processus simple et facile, juste avec un nom d'utilisateur est suffisant.

Les conditions préalables sont liées à l'e-mail, qui sert également de moyen de communication en cas de notification, mais lorsque vous ne souhaitez pas utiliser cette méthode d'enregistrement pour des raisons de confidentialité, il convient de connaître les pools qui ne nécessitent pas d'enregistrement préalable :

1. CKPool.
2. Eligius.
3. P2Pool.

Au milieu de ces alternatives, vous pouvez avoir accès à un large éventail de fonctions sans vous enregistrer, où chaque équipement minier est responsable de la présence d'un logiciel qui vous permet de vous connecter au pool de votre choix, où la possibilité de ne pas s'enregistrer est disponible afin de ne pas fournir d'informations privées sur le site web du pool.

Si vous voulez extraire des bitcoins, vous devez effectuer des réglages préalables sur le logiciel de minage ASIC à partir du PC, où il n'y a pas de sites Web impliqués dans cette fonction, mais vous devez ouvrir le dossier du logiciel de minage, ainsi qu'utiliser les paramètres de démarrage rapide, de sorte que chaque groupe peut être utilisé par un copier-coller.

Astuces pour l'exploitation du Dash

Au milieu des crypto-monnaies populaires, il ne fait aucun doute que la blockchain Dash se démarque, notamment parce que contrairement aux autres monnaies, elles maintiennent un flux direct avec deux systèmes, en parallèle il est attaché à ces lignes, et le réseau est formé par les Master Nodes, et de l'autre côté sont les mineurs.

Le rôle des mineurs au sein du réseau Dash est qu'ils sont chargés d'effectuer des vérifications et des études sur chaque opération effectuée dans le réseau Blockchain, ce qui les amène à contribuer en temps et en puissance de calcul, puisqu'il s'agit d'une preuve de travail dans le système.

Connaissant ces détails de base, la prochaine chose est de reconnaître l'algorithme que Dash a, qui est appelé comme un processus X11, qui fonctionne sous la dynamique mentionnée ci-dessus, ancré aux opérations de Bitcoin, mais chaque fonction est développée sous une vue différente, parce qu'il est développé sous 11 séquences de hachages cryptographiques.

Le traitement de cette preuve de travail, est effectué au moyen de l'algorithme SHA-256 qui appartient à Bitcoin, bien que ses actions soient dédiées à la mobilisation sur une seule séquence de hachage, étant un point considéré par le créateur de Dash, sous la motivation de traiter avec un algorithme difficile à mettre en œuvre des machines ASIC.

Face à un scénario centralisé, où les équipements avaient peu d'action, sont apparus des dispositifs capables de fonctionner à travers l'algorithme X11, c'est-à-dire qu'ils ont été soumis à une mise à jour, mais au-dessus de ces dispositifs, le fonctionnement de la monnaie n'est pas centralisé, ce qui provoque une sécurité de haut niveau.

La différence entre le minage de Bitcoin et de Dash est basée sur la récompense sur le réseau Bitcoin, qui compte 210 000 blocs, tandis que Dash délivre des récompenses après 210 240 blocs, qui sont créés toutes les 2,6 minutes, ce qui est un point différentiel notable, d'autre part, le développement de cette procédure prend en compte ces aspects :

• **Matériel minier Dash**

Au début, il était possible de miner le Dash, en utilisant des équipements de base tels que le GPU et le CPU, cela a été soutenu pendant un certain temps sous le traitement de l'algorithme X11, mais ensuite avec les dispositifs ASIC cela a changé complètement, laissant de côté le CPU, ainsi que le GPU, les équipements miniers ASIC qui ont une plus grande efficacité et la préférence sur le marché sont les suivants :

1. Bitmain Antminer D5, a un taux de hachage de 199 GH/s, pour une valeur d'environ 1200 $.
2. Spoondoolies SPx36, son taux de hachage est de 540 GH/s, pour un coût de 7000 $.

3. iBelink DM56G, composé d'un taux de hachage de 56 GH/s, sous une redevance financière ou un coût de 5500 $.
4. Innosilicon A5, fournit un taux de hachage d'au moins 32 GH/s, pour un investissement de 2999 $.

Mais cet équipement doit faire l'objet d'une étude approfondie, car les modèles sont dépassés d'un moment à l'autre, notamment parce que l'algorithme X11 demande de plus en plus de puissance, donc avant d'acheter, il est indispensable de prendre en compte les nouveautés dans ce domaine.

- **Profits générés par l'exploitation minière Dash**

Les bénéfices de l'exploitation minière de Dash, se pose de la même manière que pour les autres crypto-monnaies, où il est prévu de générer un bloc correctement, pour obtenir la récompense pour un tel travail, c'est le même système d'exploitation minière qui est imposé comme un thème général, mais dans Dash la façon de la distribution change, car il ne se produit pas seulement avec les mineurs.

La part de profit est partagée avec les nœuds maîtres, car ils fournissent une preuve de service, en plus d'ajouter la commission pour le fonds de trésorerie Dash, après ces commissions pour le classer de cette façon, cela se traduit par 10% étant retenu de la récompense du bloc, le reste va dans le fonds.

Une fois cette réduction économique effectuée, le reste des gains est divisé à 50/50, entre le mineur qui a été ajouté au bloc, et l'autre partie se trouve sur le nœud maître, qui est sélectionné en fonction de la fonction qui a été programmée, ce qui fait que le mineur garde 45% du montant total de la récompense du bloc.

L'utilisation du Raspberry Pi pour le minage de crypto-monnaies

Lorsqu'il s'agit de miner des crypto-monnaies, il existe différentes méthodes et utilitaires qui aident à obtenir des bénéfices, mais cela fait que la recherche d'un matériel idéal est une obsession pour toute personne, surtout à la recherche de rentabilité, mais la réalité est qu'il est difficile de trouver une option satisfaisante à tous points de vue.

Dans le cas des GPU, la recherche de la meilleure alternative devient une tâche ardue, mais il existe un moyen de tirer profit des actifs sans aucun effort de votre part. Il est donc crucial de tout savoir sur Rapsberry Pi, car c'est lui qui rend cette prémisse de profit possible.

Que vous soyez débutant ou expert dans le monde des crypto-monnaies, il est courant que le " stacking " soit mentionné, il est connu sous le nom de pari et est fortement associé au support Ethereum ainsi que sur d'autres monnaies numériques, mais pour y arriver, le concept initial est de décrypter ce que signifie le pari.

La génération d'argent à travers le marché des crypto-monnaies est une réalité, mais avec un investissement en termes de matériel, en plus des exigences d'autres ressources externes telles que l'électricité, il dépend de ces facteurs s'il est rentable ou non de parier sur le minage.

Normalement, le matériel utilisé pour extraire des crypto-monnaies à grande échelle est très coûteux, y compris la question de la maintenance, ce qui fait que l'extraction n'est pas considérée comme une mesure rentable, mais la fonction du Raspberry Pi se déclenche lorsque vous possédez un montant d'ETH dans le portefeuille, pour participer au processus.

Beaucoup doutent de la tâche d'empiler des crypto-monnaies à travers un simple matériel, mais en réalité c'est possible, bien qu'il faille prendre en compte le détail de la mémoire, pour que cela soit fait efficacement, il faut un petit PC, mais possédant la variante du Raspberry PI 4 de 8 GB.

Le dispositif susmentionné est le seul capable de traiter l'algorithme Ethereum Proof Of Stake, ainsi que ses exigences en matière de RAM afin que le logiciel puisse être validé correctement. Il est également recommandé d'inclure un disque externe d'une capacité d'au moins 1 To.

La quantité de blocs qui font partie d'Ethereum, a une valeur ou un poids de 200 Go, reste également en croissance constante, de sorte que la recommandation de l'unité de 1 TB a plus de sens, étant une fonction qui aide pendant des années à fonctionner en douceur, mais c'est quelque chose dans l'avenir, pour commencer cette quantité d'espace n'est pas nécessaire.

Il est essentiel de prendre en compte que le processus d'empilage n'est pas une demande puissante de ressources ou beaucoup moins, donc un Raspberry Pi est une aide pour les maux de tête pour commencer dans ce monde sont laissés de côté, d'autre part, il est vital d'avoir initial avec 32 ETH, le suivant est d'appliquer la configuration.

- **Configurer le Rapsberry Pi pour faire de l'empilage ETH**

Pour commencer l'empilage, deux approches principales sont disponibles, la première est développée au moyen d'un script automatisé, qui est installé automatiquement pour obtenir le logiciel nécessaire, tandis que la seconde a à voir avec la configuration manuelle, pour les débutants, la première méthode est la meilleure.

L'important est de commencer à exécuter le Raspberry Pi, en tout cas, le site officiel donne des instructions récentes, sans laisser de côté l'incorporation de l'architecture matérielle, puis de sélectionner l'exécution vers le nœud d'empilement sur le réseau de test Ethereum.

Comment exploiter le steem

Il ne fait aucun doute que les réseaux sociaux contrôlent tout dans le monde entier, c'est pourquoi il existe des crypto-monnaies attachées à cette dynamique, comme le steem, qui est lié à la dynamique de Steemit, c'est-à-dire un média motivé et fonctionnant sur la base des réseaux sociaux.

Chaque utilisateur crée et peut choisir le contenu de Steemit, de la même manière que cela se passe avec d'autres réseaux sociaux, comme Reddit, Hacker News et d'autres, en retour il y a la récompense d'obtenir des jetons Steem, étant un mérite de leur contribution sur ce réseau, c'est-à-dire que le fonctionnement est basé sur le mérite.

Comme un contenu émet de la valeur, dans cette même ligne, un éditeur peut gagner plus d'argent, ceci est mesuré sous les votes émis par les utilisateurs, provoquant une hiérarchie du contenu, ainsi plus ils votent fortement pour une publication, plus le profit qui se produit.

Le développement de Steem, s'effectue au moyen de 3 types de jetons, c'est ce qui constitue le fonctionnement de Steemit, où se distinguent les suivants :

1. **Steem**

C'est une crypto-monnaie qui est installée principalement sur la plateforme Steemit, et qui est obtenue lorsqu'un éditeur de contenu parvient à récolter des votes, cela permet de gagner des jetons Steem, ceux-ci sont dirigés vers les utilisateurs qui maintiennent une grande quantité de Steem Power, étant une satisfaction pour que plus de personnes investissent dans le réseau.

2. Puissance Steem (SP)

Pour avoir un vote dans Steemit, vous devez convertir le Steem en Steem Power (SP), ce processus est appelé "on", et est équitable avec l'investissement en capital dans le réseau Steemit, où chacune des unités de SP sont équivalentes à un vote, ce qui fait que l'utilisateur avec plus de SP, a plus d'influence pour récompenser un contenu.

Cela signifie qu'un vote pour ou contre, par un utilisateur avec plus de PS, a une valeur plus élevée que les votes émis par les utilisateurs avec moins de PS.

3. Dollars Steem

Ils ont une valorisation de 1:1 par rapport au dollar américain, c'est un mécanisme qui cherche à ce que ce type de réseau puisse se développer dans une plus grande mesure, où l'aspect économique est pris en charge.

Le processus de minage a commencé à faire partie de cette mesure, du test à la sélection et au travail avec le protocole de preuve d'enjeu délégué, cette technologie est utilisée avec de petites différences par rapport au minage, car au lieu de mineurs, les acteurs sont des témoins.

L'objectif de la mise en œuvre de ce type de modèle d'algorithme est d'augmenter la vitesse des transactions sur la plate-forme, en en faisant un environnement évolutif, donc en utilisant des jetons qui peuvent participer sous des comptes approuvés, afin qu'ils puissent être en mesure de créer des blocs à travers toutes les trois secondes.

Ce scénario signifie que tous les 21 tokens, ou nœuds, sont responsables de la génération de 21 blocs à chaque tour de 63 secondes, ce qui représente une vitesse d'extraction considérable, mais la blockchain Steem, diffère de Bitcoin car elle n'attribue pas 100% des pièces qui ont été créées, mais 10% sont désignés comme une récompense pour les tokens.

L'autre pourcentage restant de 90% des nouvelles pièces, est transmis aux éditeurs de contenu, aux détenteurs de Steem Power et aux curateurs, il est essentiel de noter qu'être un témoin n'a pas à faire avec les actions minières traditionnelles, car tout est géré par des votes, vous devez également avoir les exigences suivantes :

1. Les serveurs de grande performance, doivent être sûrs, sans pannes, être situés dans les 20 premiers témoins, car il doit avoir les caractéristiques de 64 GB DDR4 RAM, d'autre part 2x Intel Xeon E5-2630 V3, 2x 240 GB SSD, et 1 Gbit/connexion, sans négliger la sécurité informatique contre les attaques.
2. L'installation du steem, est une étape où l'on édite le fichier qui appartient à la configuration, puis on le synchronise avec la blockchain.
3. Utilisez le CLI du portefeuille pour concevoir une clé privée, en plus de modifier à nouveau le fichier de configuration.
4. Mettre à jour le témoin, ce qui nécessite de poster une déclaration de témoin dans le cadre d'un fil de discussion.

Il est essentiel de souligner que les témoins qui ont le plus de PS, et ceux-ci sont dans le top 20, gagnent généralement des bénéfices, ont une estimation de 0,18 Puissance Steem toutes les 63 secondes, ce qui représente une estimation de 250 Puissance Steem par jour, qui vaut environ 300 $ par jour, selon le prix qu'ils ont Steem à ce moment-là.

Découvrez comment exploiter le Ravencoin

Le projet Ravencoin représente une mesure open source, et provient d'un fork de Bitcoin, ce type de crypto-monnaie se spécialise dans le transfert d'actifs, à travers le système de fichiers interplanétaires (IPFS) et la messagerie, il cherche à ce que les actifs puissent être transférés sans aucune friction.

Le Ravencoin a un nombre limité de jetons, basé sur 21.000.000 d'unités, le processus de minage est développé sur la base de l'algorithme qu'il détient comme preuve de travail, basé sur le modèle Bitcoin Unspent Transaction Output, étant ancré au fork du code Bitcoin.

C'est la 52e crypto-monnaie, l'une des plus importantes au monde, et c'est un domaine qui n'a pas beaucoup d'utilisateurs, donc en termes de minage, il peut être une grande opportunité pour les débutants, la première chose à avoir est un équipement qui facilite l'extraction du jeton.

- **Matériel minier Ravencoin**

L'ASIC résiste au travail avec le Ravencoin, cela signifie que le GPU est nécessaire pour effectuer l'extraction, c'est un grand avantage car il n'est pas nécessaire de faire de gros investissements sur des équipements puissants, ni de dépenses exagérées liées à l'énergie, bien qu'il soit conseillé d'acheter des cartes AMD ou NVIDA avec 3 Go de RAM.

- **Logiciel d'exploitation minière Ravencoin**

Tout équipement de minage a besoin d'un logiciel, et pour le choisir vous devez garder à l'esprit le type de GPU que vous prévoyez d'utiliser, les plus efficaces sont T-Rex Miner, Gminer, NBminer, KawPowMiner, et TeamRedMiner, chacun avec un design et une fonction axés sur le traitement des cryptocurrencies puisqu'ils sont spécialisés dans le minage.

- **Rentabilité de l'exploitation minière du Ravencoin**

Grâce à ses fonctions, Ravencoin dispose d'un avantage unique par rapport aux autres crypto-monnaies. En effet, la résistance des ASIC est élevée et l'algorithme de minage est axé sur la réduction des risques de centralisation, de sorte que chaque mineur peut travailler seul et obtenir des récompenses.

Tout sur le minage du Siacoin

Le réseau Sia a émis l'utilisation de la crypto-monnaie Siacoin, cette société fournisseur de stockage en nuage, en plus d'un réseau peer-to-peer décentralisé, son fonctionnement est l'un des plus préférés en ligne, car il répond à des normes élevées de la vie privée, et pour payer pour ce service, vous devez employer sa crypto-monnaie.

L'émission de la crypto-monnaie Siacoin est illimitée, grâce à l'énorme quantité illimitée de données qui peuvent être créées et stockées, provoquant une forte circulation des jetons, donc pour gagner des Siacoin, il est nécessaire de louer son propre espace du stockage excédentaire du réseau Sia.

Pour miner cette crypto-monnaie, il faut savoir que la blockchain est sous l'algorithme de consensus Proof of Work, étant une forme de protection des opérations, cette crypto-monnaie comme les autres, distribue des récompenses de bloc comme motivation aux mineurs.

Lorsque l'on veut miner du Siacoin, il est nécessaire de choisir les meilleurs mécanismes pour effectuer ces opérations bénéfiques, où les points suivants ressortent :

- **Matériel pour le minage du Siacoin**

Outre le fait que de nombreuses crypto-monnaies sont minées uniquement avec des GPU, Siacoin est régi par la même compatibilité que Bitcoin a, acceptant de travailler avec des dispositifs spécialisés tels que les ASIC, étant un matériel imposé comme une solution, donc afin d'être rentable minage Siacoin est vital d'utiliser ces dispositifs.

Le développement d'ASI, est une solution complète pour le minage du Siacoin, au moyen de l'Obelisk SC1, où la puissance est équivalente à 100 GPU, atteint un taux de hachage de 300 GH/s, où l'algorithme Blake2b est exécuté, ce qui exige un niveau de 500w d'électricité, mais ne nécessite pas d'investissement pour le refroidissement ou beaucoup moins.

- **Logiciel de minage dédié au Siacoin**

En déterminant le type de matériel à utiliser, il est possible de choisir un logiciel spécialisé capable de miner du Siacoin. Quelles que soient les attentes, le marché offre plusieurs options pour répondre à cet objectif, bien que Marlin Miner, qui est compatible avec les GPU Nvidia ou AMD, se distingue parmi les plus remarquables.

- **La rentabilité du minage du Siacoin**

La spécialité du Siacoin, est qu'au lieu de s'arrêter, la récompense du bloc continue de fonctionner, donc chaque mineur peut trouver une motivation pour faire partie d'un réseau qui ne s'arrête pas, d'autre part, dans ses fonctionnalités, il permet de louer un espace de stockage dans le cloud, étant un actif qui peut être exploité.

Pour cette raison, le minage de Siacoin est rentable, il a plusieurs alternatives, comme pour ne pas négliger ce type de technologie qui devient plus populaire grâce à ses services offerts.

Les derniers jalons franchis dans l'exploitation des crypto-monnaies

Au niveau historique, le minage de crypto-monnaies progresse d'année en année de manière étonnante, où 2020 s'est distingué pour avoir posé des bases importantes qui, en 2021, généreront beaucoup plus de tendances dans ce monde, notamment avec la manifestation de différents événements, car le monde extérieur a un impact sur cette activité.

La force de mise en œuvre des équipements ASIC s'est maintenue, même au-dessus de la pandémie COVID-19, ceci est largement dû à l'augmentation de la valeur que le Bitcoin a subie, d'autre part, à ces situations s'ajoute la bonne dynamique de l'industrie ASIC, où Bitmain a prédominé.

Dans le cas des pools miniers, ils se sont développés sous un thème décentralisé, c'est la tendance à suivre de près, surtout sans attachement aux aspects géographiques, et les informations fournies sur leurs actions ont également changé, sans omettre l'incorporation des énergies renouvelables.

Les tendances les plus pertinentes sont les suivantes :

1. Troisième division par deux du bitcoin

Tout au long de l'année 2020 est venu le lancement de la division en deux du bitcoin, qui au début a été vu avec de nombreuses attentes entre les deux, mais surtout cherché à prédire l'effet qu'il provoque sur le réseau, où les prévisions positives ont été émises, il est essentiel de noter que la division en deux est connue comme un mécanisme ou une partie attachée au bitcoin.

La dynamique est qu'il peut réguler l'offre de pièces qui sont émises sur le réseau, notamment lors de la programmation de 210 000 blocs, sous une période de temps reconnue ou mesurée tous les quatre ans, en atteignant cette date, le réseau lui-même cherche à réduire la quantité de bitcoins qui sont générés lors du minage.

Ce type de programmation est responsable du fait que l'émission atteigne le niveau zéro, ce qui s'est produit en 2020, où le 11 mai une activation a été émise sur le bloc 630.000, faisant passer les mineurs d'un gain de 12,5 BTC par bloc miné, à seulement 6,25 BTC, ce qui fait qu'il y a un certain retour sur le minage.

Cette baisse de rentabilité a entraîné une diminution du taux de hachage allant jusqu'à 16% en quelques heures, car il y a eu une déconnexion d'un grand nombre d'équipements, cette action ne générant pas assez de bénéfices pour couvrir tous les investissements dans les équipements, ce qui a provoqué une congestion des transactions.

Mais ce type de comportement n'a duré que peu de temps, car en juin le taux avait augmenté à nouveau, atteignant les mêmes valeurs d'avant la crise, mais il n'a pas été possible de déterminer l'incidence qu'il a aujourd'hui avec la récompense du prix du bitcoin et sa réduction, ceci parce que le marché n'a pas convulsé tout de suite.

2. Enregistrer le taux de hachage et la difficulté

S'il est vrai que certains mois le minage passe par une série de résultats négatifs, c'est lorsque les effets de certains événements passent que certaines monnaies commencent à se réévaluer, ce genre de réponse positive sur le bitcoin, a fait que le réseau a augmenté son taux de hachage, la même chose s'est produite avec la difficulté, et même le revenu quotidien.

Le taux de hachage est connu sous le nom de hash rate, ce type d'unité se concentre sur la puissance de traitement du réseau, qui influence directement le nombre de mineurs connectés, ainsi que la puissance des équipements qui en font partie, ce sont les éléments qui font la valeur du bitcoin.

Lorsque le niveau du taux de hachage augmente, la difficulté de l'exploitation minière augmente également, car il est complexe de trouver le bloc à exploiter, cela varie en fonction du niveau de puissance de traitement qui existe dans le réseau, donc lorsque le taux de hachage atteint une valeur équilibrée, cela augmente la possibilité que les équipes puissent exploiter de nombreux blocs.

Face à ce scénario, le réseau lui-même augmente la difficulté du minage, de sorte que la réponse de hachage est plus inatteignable, et la fréquence de 10 minutes par bloc est préservée, dans le cas du bitcoin, il a atteint une difficulté de 19,97T, étant l'un des points les plus élevés de son histoire, établissant un record.

L'augmentation des chiffres s'est également reflétée sur les revenus, puisqu'ils seraient beaucoup plus élevés que prévu, les mineurs gagnant jusqu'à 20 millions de dollars, un chiffre étroitement lié au prix du bitcoin présenté ces dernières périodes.

3. Emplacement des piscines

Autour des pools miniers, différents mystères ont été établis, où la connaissance de l'emplacement géographique se distingue, ce type d'information a été publié publiquement, étant un fait qui n'a pas été fréquemment développé avant, cela a été réalisé par BTC.com, où il a été publié que la plupart d'entre eux étaient de la Chine.

Au-delà du fait qu'il existe un marché minier mondial, ce qui concerne l'Asie étonne tout le monde, car environ 95 % des blocs minés sont traités en Chine, ce qui suscite la crainte, car cela signifie qu'il ne s'agit pas d'un scénario si décentralisé, mais au moins l'un des plus anciens pools est situé en République tchèque.

Mais le développement des pools est en train de migrer vers les États-Unis, comme le montre SlushPool, où trois pools miniers ont été créés pour ce pays. Ce type d'initiatives est celui qui conduit à la décentralisation du taux de hachage dans le cas du bitcoin.

4. Fermes minières

Au-delà des informations relatives au taux de hachage du bitcoin, qui montrent la concentration des opérations en Chine, de nouvelles tendances émergent également sur le marché minier grâce aux fermes Bitcoin, une méthode qui peut contribuer à la décentralisation géographique de cette industrie.

Cette répartition géographique est en partie due aux réglementations sur l'électricité qui ont été établies en Chine. La solution a donc consisté à migrer vers d'autres lieux offrant une plus grande liberté d'exploitation. Sur cette carte, la Russie, les États-Unis et même l'Iran sont les destinations les plus choisies par les mineurs chinois pour opérer.

Ces centres d'opérations sont intéressants pour rechercher des opportunités de monétisation, en particulier aux Etats-Unis, ce type de marché s'est renforcé, au point de célébrer différents établissements de pools miniers, dans le secteur de l'Amérique latine, le Venezuela et l'Argentine sont devenus plus puissants.

Ce sont les lignes directrices à suivre ou à prendre en compte, car opérer dans le minage exige d'être attaché à chaque nouvelle, surtout quand son impact génère des altérations sur le marché, ce sont des positions qui changent la préférence ou la manière de miner, surtout avec le controversé Bitcoin.

www.ingramcontent.com/pod-product-compliance
Lightning Source LLC
Chambersburg PA
CBHW070437220526
45466CB00004B/1710